Meeting Notebook

Name:

Phone:

Email:

Meeting _____

Date : _____ Time:_____

Organizer:	
Purpose:	
Details:	
Location:	

Agenda

Schedule:	Topic

Special Notes

_____

_____

_____

_____

Notes

-
-
-
-
-
-
-
-
-
-
-
-
-
-
-
-

Notes

-
-
-
-
-
-
-
-
-
-
-
-
-
-
-
-

Notes

-

-

-

-

-

-

-

-

-

-

-

-

-

-

-

-

Meeting _____

Date : _____ Time: _____

Organizer:	
Purpose:	
Details:	
Location:	

Agenda

Schedule:	Topic

Special Notes

_____

_____

_____

_____

Notes

-

-

-

-

-

-

-

-

-

-

-

-

-

-

-

Notes

-
-
-
-
-
-
-
-
-
-
-
-
-
-
-
-
-

Notes

-
-
-
-
-
-
-
-
-
-
-
-
-
-
-
-

Meeting _____

Date : _____ Time: _____

Organizer:	
Purpose:	
Details:	
Location:	

Agenda

Schedule:	Topic

Special Notes

_____

_____

_____

_____

Notes

-

-

-

-

-

-

-

-

-

-

-

-

-

-

-

-

Notes

-
-
-
-
-
-
-
-
-
-
-
-
-
-
-
-

Notes

-
-
-
-
-
-
-
-
-
-
-
-
-
-
-
-

Meeting _____

Date : _____ Time: _____

Organizer:	
Purpose:	
Details:	
Location:	

Agenda

Schedule:	Topic

Special Notes

_____

_____

_____

_____

Notes

- _____
- _____
- _____
- _____
- _____
- _____
- _____
- _____
- _____
- _____
- _____
- _____
- _____
- _____
- _____
- _____

Notes

- _____
- _____
- _____
- _____
- _____
- _____
- _____
- _____
- _____
- _____
- _____
- _____
- _____
- _____
- _____
- _____

Notes

- _____
- _____
- _____
- _____
- _____
- _____
- _____
- _____
- _____
- _____
- _____
- _____
- _____
- _____
- _____
- _____

Meeting _____

Date : _____ Time: _____

Organizer:	
Purpose:	
Details:	
Location:	

Agenda

Schedule:	Topic

Special Notes

_____

_____

_____

_____

Notes

- _____
- _____
- _____
- _____
- _____
- _____
- _____
- _____
- _____
- _____
- _____
- _____
- _____
- _____
- _____
- _____

Notes

- _____
- _____
- _____
- _____
- _____
- _____
- _____
- _____
- _____
- _____
- _____
- _____
- _____
- _____
- _____
- _____
- _____

Notes

-
-
-
-
-
-
-
-
-
-
-
-
-
-
-
-

Meeting _____

Date : _____ Time: _____

Organizer:	
Purpose:	
Details:	
Location:	

Agenda

Schedule:	Topic

Special Notes

_____

_____

_____

_____

Notes

-
-
-
-
-
-
-
-
-
-
-
-
-
-
-
-

Notes

-
-
-
-
-
-
-
-
-
-
-
-
-
-
-
-
-

Notes

-
-
-
-
-
-
-
-
-
-
-
-
-
-
-
-

Meeting _____

Date : _____ Time: _____

Organizer:	
Purpose:	
Details:	
Location:	

Agenda

Schedule:	Topic

Special Notes

_____

_____

_____

_____

Notes

- _____
- _____
- _____
- _____
- _____
- _____
- _____
- _____
- _____
- _____
- _____
- _____
- _____
- _____
- _____
- _____

Notes

-
-
-
-
-
-
-
-
-
-
-
-
-
-
-
-

Notes

-
-
-
-
-
-
-
-
-
-
-
-
-
-
-
-

Meeting _____

Date : _____ Time: _____

Organizer:	
Purpose:	
Details:	
Location:	

Agenda

Schedule:	Topic

Special Notes

_____

_____

_____

_____

Notes

-
-
-
-
-
-
-
-
-
-
-
-
-
-
-
-

Notes

-
-
-
-
-
-
-
-
-
-
-
-
-
-
-
-

Notes

-
-
-
-
-
-
-
-
-
-
-
-
-
-
-

Meeting _____

Date : _____ Time: _____

Organizer:	
Purpose:	
Details:	
Location:	

Agenda

Schedule:	Topic

Special Notes

_____

_____

_____

_____

Notes

-
-
-
-
-
-
-
-
-
-
-
-
-
-
-
-

Notes

-
-
-
-
-
-
-
-
-
-
-
-
-
-
-
-

Notes

-
-
-
-
-
-
-
-
-
-
-
-
-
-
-

Meeting _____

Date : _____ Time: _____

Organizer:	
Purpose:	
Details:	
Location:	

Agenda

Schedule:	Topic

Special Notes

_____

_____

_____

_____

Notes

-
-
-
-
-
-
-
-
-
-
-
-
-
-
-
-

Notes

-
-
-
-
-
-
-
-
-
-
-
-
-
-
-
-

Notes

-
-
-
-
-
-
-
-
-
-
-
-
-
-
-
-

Meeting _____

Date : _____ *Time:* _____

Organizer:	
Purpose:	
Details:	
Location:	

Agenda

Schedule:	*Topic*

Special Notes

_____

_____

_____

_____

Notes

-
-
-
-
-
-
-
-
-
-
-
-
-
-
-
-

Notes

- _____
- _____
- _____
- _____
- _____
- _____
- _____
- _____
- _____
- _____
- _____
- _____
- _____
- _____
- _____
- _____

Notes

-
-
-
-
-
-
-
-
-
-
-
-
-
-
-
-

Meeting _____

Date : _____ *Time:* _____

Organizer:	
Purpose:	
Details:	
Location:	

Agenda

Schedule:	Topic

Special Notes

_____

_____

_____

_____

Notes

-
-
-
-
-
-
-
-
-
-
-
-
-
-
-
-
-

Notes

-

-

-

-

-

-

-

-

-

-

-

-

-

-

-

-

Notes

-
-
-
-
-
-
-
-
-
-
-
-
-
-
-
-

Meeting _____

Date : _____ Time: _____

Organizer:	
Purpose:	
Details:	
Location:	

Agenda

Schedule:	Topic

Special Notes

_____

_____

_____

_____

Notes

-

-

-

-

-

-

-

-

-

-

-

-

-

-

-

-

Notes

- _____
- _____
- _____
- _____
- _____
- _____
- _____
- _____
- _____
- _____
- _____
- _____
- _____
- _____
- _____
- _____

Notes

-

-

-

-

-

-

-

-

-

-

-

-

-

-

-

Meeting _____

Date : _____ Time: _____

Organizer:	
Purpose:	
Details:	
Location:	

Agenda

Schedule:	Topic

Special Notes

_____

_____

_____

_____

Notes

-
-
-
-
-
-
-
-
-
-
-
-
-
-
-
-

Notes

-
-
-
-
-
-
-
-
-
-
-
-
-
-
-
-

Notes

- _____
- _____
- _____
- _____
- _____
- _____
- _____
- _____
- _____
- _____
- _____
- _____
- _____
- _____
- _____
- _____

Meeting _____

Date : _____ Time: _____

Organizer:	
Purpose:	
Details:	
Location:	

Agenda

Schedule:	Topic

Special Notes

_____

_____

_____

_____

Notes

-
-
-
-
-
-
-
-
-
-
-
-
-
-
-
-
-

Notes

-
-
-
-
-
-
-
-
-
-
-
-
-
-
-
-
-

Notes

-
-
-
-
-
-
-
-
-
-
-
-
-
-
-

Meeting _____

Date : _____ Time: _____

Organizer:	
Purpose:	
Details:	
Location:	

Agenda

Schedule:	Topic

Special Notes

_____

_____

_____

_____

Notes

-
-
-
-
-
-
-
-
-
-
-
-
-
-
-

Notes

- _____
- _____
- _____
- _____
- _____
- _____
- _____
- _____
- _____
- _____
- _____
- _____
- _____
- _____
- _____
- _____

Notes

-
-
-
-
-
-
-
-
-
-
-
-
-
-
-
-

Meeting _____

Date : _____ Time: _____

Organizer:	
Purpose:	
Details:	
Location:	

Agenda

Schedule:	Topic

Special Notes

_____

_____

_____

_____

Notes

-
-
-
-
-
-
-
-
-
-
-
-
-
-
-

Notes

- _____
- _____
- _____
- _____
- _____
- _____
- _____
- _____
- _____
- _____
- _____
- _____
- _____
- _____
- _____
- _____
- _____

Notes

-
-
-
-
-
-
-
-
-
-
-
-
-
-
-
-

Meeting _____

Date : _____ Time: _____

Organizer:	
Purpose:	
Details:	
Location:	

Agenda

Schedule:	Topic

Special Notes

_____

_____

_____

_____

Notes

-
-
-
-
-
-
-
-
-
-
-
-
-
-
-
-
-

Notes

-
-
-
-
-
-
-
-
-
-
-
-
-
-
-
-

Notes

-
-
-
-
-
-
-
-
-
-
-
-
-
-
-
-

Meeting _____

Date : _____ Time: _____

Organizer:	
Purpose:	
Details:	
Location:	

Agenda

Schedule:	Topic

Special Notes

_____

_____

_____

_____

Notes

- _____
- _____
- _____
- _____
- _____
- _____
- _____
- _____
- _____
- _____
- _____
- _____
- _____
- _____
- _____
- _____

Notes

-
-
-
-
-
-
-
-
-
-
-
-
-
-
-
-

Notes

-
-
-
-
-
-
-
-
-
-
-
-
-
-
-
-
-

Meeting _____

Date : _____ Time: _____

Organizer:	
Purpose:	
Details:	
Location:	

Agenda

Schedule:	Topic

Special Notes

_____

_____

_____

_____

Notes

-
-
-
-
-
-
-
-
-
-
-
-
-
-
-
-

Notes

-
-
-
-
-
-
-
-
-
-
-
-
-
-
-
-

Notes

-
-
-
-
-
-
-
-
-
-
-
-
-
-
-
-

Meeting _____

Date : _____ Time: _____

Organizer:	
Purpose:	
Details:	
Location:	

Agenda

Schedule:	Topic

Special Notes

_____
_____
_____
_____

Notes

-
-
-
-
-
-
-
-
-
-
-
-
-
-
-
-

Notes

Notes

-
-
-
-
-
-
-
-
-
-
-
-
-
-
-

Meeting _____

Date : _____ Time: _____

Organizer:	
Purpose:	
Details:	
Location:	

Agenda

Schedule:	Topic

Special Notes

_____

_____

_____

_____

Notes

-
-
-
-
-
-
-
-
-
-
-
-
-
-
-
-

Notes

-
-
-
-
-
-
-
-
-
-
-
-
-
-
-
-

Notes

-
-
-
-
-
-
-
-
-
-
-
-
-
-
-
-
-

Meeting _____

Date : _____ Time: _____

Organizer:	
Purpose:	
Details:	
Location:	

Agenda

Schedule:	Topic

Special Notes

_____

_____

_____

_____

Notes

-
-
-
-
-
-
-
-
-
-
-
-
-
-

Notes

-
-
-
-
-
-
-
-
-
-
-
-
-
-
-
-

Notes

-
-
-
-
-
-
-
-
-
-
-
-
-
-
-
-

Meeting _____

Date : _____ Time: _____

Organizer:	
Purpose:	
Details:	
Location:	

Agenda

Schedule:	Topic

Special Notes

_____

_____

_____

_____

Notes

-
-
-
-
-
-
-
-
-
-
-
-
-
-
-
-

Notes

- _____
- _____
- _____
- _____
- _____
- _____
- _____
- _____
- _____
- _____
- _____
- _____
- _____
- _____
- _____
- _____

Notes

Meeting _____

Date : _____ Time: _____

Organizer:	
Purpose:	
Details:	
Location:	

Agenda

Schedule:	Topic

Special Notes

_____

_____

_____

_____

Notes

Notes

-
-
-
-
-
-
-
-
-
-
-
-
-
-
-
-

Notes

-

-

-

-

-

-

-

-

-

-

-

-

-

-

-

Meeting _____

Date : _____ Time: _____

Organizer:	
Purpose:	
Details:	
Location:	

Agenda

Schedule:	Topic

Special Notes

_____

_____

_____

_____

Notes

-
-
-
-
-
-
-
-
-
-
-
-
-
-
-

Notes

-
-
-
-
-
-
-
-
-
-
-
-
-
-
-

Notes

-
-
-
-
-
-
-
-
-
-
-
-
-
-
-
-

Meeting _____

Date : _____ Time: _____

Organizer:	
Purpose:	
Details:	
Location:	

Agenda

Schedule:	Topic

Special Notes

_____

_____

_____

_____

Notes

- _____
- _____
- _____
- _____
- _____
- _____
- _____
- _____
- _____
- _____
- _____
- _____
- _____
- _____
- _____
- _____

Notes

-
-
-
-
-
-
-
-
-
-
-
-
-
-
-
-

Notes

-
-
-
-
-
-
-
-
-
-
-
-
-
-
-

Meeting _____

Date : _____ Time: _____

Organizer:	
Purpose:	
Details:	
Location:	

Agenda

Schedule:	Topic

Special Notes

_____

_____

_____

_____

Notes

-
-
-
-
-
-
-
-
-
-
-
-
-
-
-
-

Notes

-
-
-
-
-
-
-
-
-
-
-
-
-
-
-
-
-

Notes

- _____
- _____
- _____
- _____
- _____
- _____
- _____
- _____
- _____
- _____
- _____
- _____
- _____
- _____
- _____
- _____

Meeting _____

Date : _____ Time: _____

Organizer:	
Purpose:	
Details:	
Location:	

Agenda

Schedule:	Topic

Special Notes

_____

_____

_____

_____

Notes

-
-
-
-
-
-
-
-
-
-
-
-
-
-
-
-

Notes

-
-
-
-
-
-
-
-
-
-
-
-
-
-
-
-

Notes

-
-
-
-
-
-
-
-
-
-
-
-
-
-
-
-